TAPESTRY-HÄKELN

PETRA GIRAUD

für Kids!

FARBENFROH & VIELFÄLTIG

stv

Umschlaggestaltung: Werbeagentur Rypka, A-8143-Dobl/Graz, www.rypka.at
Titelbild: Stephan Friesinger, Graz, www.free-c.org
Bildnachweis: Stephan Friesinger, Graz, www.free-c.org: S. 8, 11, 16, 18, 21, 24, 29, 36, 39, 41, 44, 47, 48.
Alle anderen Fotos stammen dankenswerterweise von der Autorin

Bibliographische Information der Deutschen Nationalbibliothek
Die Deutsche Nationalbibliothek verzeichnet diese Publikation in der Deutschen Nationalbibliographie;
detaillierte bibliographische Daten sind im Internet über http://dnb.d-nb.de abrufbar.

Hinweis:
Dieses Buch wurde auf chlorfrei gebleichtem Papier gedruckt. Die zum Schutz vor Verschmutzung
verwendete Einschweißfolie ist aus Polyethylen chlor- und schwefelfrei hergestellt. Diese umweltfreund-
liche Folie verhält sich grundwasserneutral, ist voll recyclingfähig und verbrennt in Müllverbrennungs-
anlagen völlig ungiftig.

Auf Wunsch senden wir Ihnen gerne kostenlos unser Verlagsverzeichnis zu:
Leopold Stocker Verlag GmbH
Hofgasse 5 / Postfach 438
A-8011 Graz
Tel.: +43 (0)316/82 16 36
Fax: +43 (0)316/83 56 12
E-Mail: stocker-verlag@stocker-verlag.com
www.stocker-verlag.com

ISBN 978-3-7020-1745-3

Layout: Werbeagentur Rypka, A-8143-Dobl/Graz
Herstellung: hm•perfectprintconsult•eu

S. 8

BEUTEL IN HIMBEERE-WEISS

S. 14

BABYMÜTZE (4-5 MO.)

S. 11

PUPPENTRAGETASCHE

S. 16

BEANIE „HERZ"

S. 18

SPIELZEUGBEUTEL „AUTO"

WERKSTÜCKE

S. 21

MÄDCHENTASCHE „DUGGY"

S. 24

STIFTEMÄPPCHEN „SEGELBOOT"

S. 26

STIFTEDOSEN

S. 29

COOLPACK-HÜLLE „GIRAFFE"

S. 33

PUCKSACK „FISCHE"

S. 36

WÄRMFLASCHENBEZUG „EISBÄR"

S. 39

KISSENHÜLLE „KATZE"

S. 41

UTENSILO „TIGER"

S. 44

KUSCHELTIER „FISCH"

S. 48

UTENSILO „ZEBRA"

S. 53

PUPPENKLEIDUNG „ROSALIE"

S. 56

MINIBUCH-HÜLLE „GLÜCKSKÄFER"

Tapestry-Technik

Mit der Tapestry-Technik lassen sich bunte Muster und Motive ganz einfach häkeln. Dadurch, dass der nicht benötigte Faden zwischen den Maschen mitgeführt wird, entfällt das aufwändige Vernähen der Fäden. Lediglich das Anfangs- und das Endstück des Fadens müssen zuletzt gesichert werden.

Tapestry-Häkeln wird mit festen Maschen gehäkelt und ist ganz einfach umzusetzen. Dabei wird die letzte Masche vor dem Farbwechsel bereits mit der neuen Farbe beendet (Foto 1 und Foto 2).

Der bisherige Faden bleibt auf den Maschen liegen. Für die Masche der neuen Farbe in die nächste Masche einstechen und den Faden holen (Foto 3).

Somit liegt der nicht benötigte Faden in der neuen Masche (Foto 4).

Auch auf der Rückseite des Modells ist das Maschenbild in der Tapestry-Technik wunderschön anzusehen (Foto 5).

FOTO 2

FOTO 1

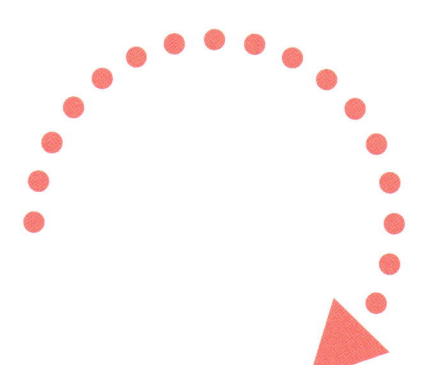

FOTO 3

FOTO 5

FOTO 4

Beutel in
Himbeere-Weiß

MATERIAL

150 g Gründl Cotton Quick uni in Himbeere (Farbe 107)
150 g Gründl Cotton Quick uni in Weiß (Farbe 01)

WERKZEUG

Häkelnadel Nr. 3
Maschenmarkierer
Schere
Nadel zum Vernähen

ANLEITUNG

in Himbeere: Magic Ring mit 6 fM

1. Rd.: 2 fM in jede M = 12 M
2. Rd.: 12 fM
3. Rd.: 2 fM in jede M = 24 M
4. Rd.: 24 fM
5. Rd.: 2 fM in jede 2. M = 36 M
6. Rd.: 36 fM
7. Rd.: 2 fM in jede 3. M = 48 M
8. Rd.: 48 fM
9. Rd.: 2 fM in jede 4. M = 60 M
10. Rd.: 60 fM
11. Rd.: 2 fM in jede 5. M = 72 M
12. Rd.: 72 fM
13. Rd.: 2 fM in jede 6. M = 84 M
14. Rd.: 84 fM
15. Rd.: 2 fM in jede 7. M = 96 M
16. Rd.: 96 fM

17. Rd.: 2 fM in jede 8. M = 108 M
18. Rd.: 108 fM
19. Rd.: 2 fM in jede 9. M = 120 M
20. Rd.: 120 fM
21. Rd.: 2 fM in jede 10. M = 132 M
22. Rd.: 132 fM
23. Rd.: 2 fM in jede 11. M = 144 M
24.–27. Rd.: je 144 fM
28. + 29. Rd.: 2 fM in Weiß, 2 fM in Himbeere im Wechsel
30. + 31. Rd.: 2 fM in Himbeere, 2 fM in Weiß im Wechsel
32. + 33. Rd.: je 144 fM in Himbeere
34. Rd.: 144 fM in Weiß
35. Rd.: 144 fM in Himbeere
36. Rd.: 5 fM in Himbeere, 1 fM in Weiß im Wechsel
37. Rd.: 144 fM in Himbeere
38. Rd.: 2 fM in Himbeere, 1 fM in Weiß, * 5 fM in Himbeere, 1 fM in Weiß **, von * bis ** noch 22 Mal wdh., 3 fM in Himbeere
39. Rd.: 144 fM in Himbeere
40. Rd.: 144 fM in Weiß
41. Rd.: 144 fM in Himbeere
42. Rd.: 5 fM in Himbeere, 1 fM in Weiß im Wechsel
43. Rd.: 4 fM in Himbeere, 2 fM in Weiß im Wechsel
44. Rd.: 3 fM in Himbeere, 3 fM in Weiß im Wechsel
45. Rd.: 2 fM in Himbeere, 4 fM in Weiß im Wechsel
46. Rd.: 1 fM in Himbeere, 5 fM in Weiß im Wechsel
47. Rd.: 144 fM in Himbeere
48. Rd.: 144 fM in Weiß
49. Rd.: 144 fM in Himbeere
50. Rd.: 5 fM in Himbeere, 1 fM in Weiß im Wechsel
51. Rd.: 144 fM in Himbeere

BEUTEL IN HIMBEERE-WEISS

52. Rd.: 5 fM in Himbeere, 1 fM in Weiß im Wechsel

53. Rd.: 144 fM in Himbeere

54.–56. Rd.: 6 fM in Himbeere, 6 fM in Weiß im Wechsel

57.–59. Rd.: 6 fM in Weiß, 6 fM in Himbeere im Wechsel

60. Rd.: 144 fM in Weiß

61. Rd.: 144 fM in Himbeere

62. Rd.: 144 fM in Weiß

63. Rd.: 5 fM in Weiß, 1 fM in Himbeere im Wechsel

64. Rd.: 144 fM in Weiß

65. Rd.: 2 fM in Weiß, 1 fM in Himbeere, * 5 fM in Weiß, 1 fM in Himbeere **, von * bis ** noch 22 Mal wdh., 3 fM in Weiß

66. Rd.: 144 fM in Weiß

67. Rd.: 144 fM in Himbeere

68. Rd.: 144 fM in Weiß

69. Rd.: 5 fM in Weiß, 1 fM in Himbeere im Wechsel

70. Rd.: 4 fM in Weiß, 2 fM in Himbeere im Wechsel

71. Rd.: 3 fM in Weiß, 3 fM in Himbeere im Wechsel

72. Rd.: 2 fM in Weiß, 4 fM in Himbeere im Wechsel

73. Rd.: 1 fM in Weiß, 5 fM in Himbeere im Wechsel

74. Rd.: 144 fM in Weiß

75. Rd.: 144 fM in Himbeere

76. Rd.: 144 fM in Weiß

77. Rd.: 5 fM in Weiß, 1 fM in Himbeere im Wechsel

78. Rd.: 144 fM in Weiß

79. Rd.: 5 fM in Weiß, 1 fM in Himbeere im Wechsel

80.–86. Rd.: je 144 fM in Weiß

87. Rd.: in Weiß * 6 fM, 3 LM (dabei 3 M der Vorreihe überspringen) **, von * bis ** noch 15 Mal wdh.

88.–96. Rd.: je 144 fM in Weiß

1 KM In die 1. M der 97. Rd. häkeln.

Faden abschneiden und verknoten.

FERTIGSTELLUNG

Alle Fäden vernähen.

Eine 1 Meter lange Kordel drehen (Alternativ eine Kordel aus dem Bastelfachgeschäft verwenden).

Die Kordel einziehen und beide Enden miteinander verknoten. So kann der Beutel zugezogen und die Schlaufe als Schulterhenkel verwendet werden.

Puppentragetasche

WEITER AUF DER NÄCHSTEN SEITE

ANLEITUNG FÜR DEN TASCHENKÖRPER

in Löwenzahn: Anschlagsm., 45 LM

1. Rd.: 43 fM, 3 fM in die letzte M, 42 fM entlang der Unterseite der LM-Kette, 2 fM in die letzte M = 90 M

2. Rd.: 2 fM in 1., 44., 45., 46., 89., 90. M = 96 M

3. Rd.: 2 fM in 2., 46., 48., 50., 94., 96. M = 102 M

4. Rd.: 2 fM in 3., 48., 51., 54., 99., 102. M = 108 M

5. Rd.: 2 fM in 4., 50., 54., 58., 104., 108. M = 114 M

6. Rd.: 2 fM in 5., 52., 57., 62., 109., 124. M = 120 M

7. Rd.: 2 fM in 6., 54., 60., 66., 114., 120. M = 126 M

8. Rd.: 2 fM in 7., 56., 63., 70., 119., 126. M = 132 M

9. Rd.: 2 fM in 8., 58., 66., 74., 124., 132. M = 138 M

10. Rd.: 2 fM in 9., 60., 69., 78., 129., 138. M = 144 M

11. Rd.: 2 fM in 10., 62., 72., 82., 134., 144. M = 150 M

12. Rd.: 2 fM in 11., 64., 75., 86., 139., 150. M = 156 M

13. Rd.: 2 fM in 12., 66., 78., 90., 144., 156. M = 162 M

14. Rd.: 2 fM in 13., 68., 81., 94., 149., 162. M = 168 M

15. Rd.: 2 fM in 14., 70., 84., 98., 154., 168. M = 174 M

16. Rd.: 2 fM in 15., 72., 87., 102., 159., 174. M = 180 M

17. Rd.: 2 fM in 16., 74., 90., 106., 164., 180. M = 186 M

18. Rd.: 2 fM in 17., 76., 93., 110., 169., 186. M = 192 M

19. Rd.: 2 fM in 18., 78., 96., 114., 174., 192. M = 198 M

20. Rd.: 2 fM in 19., 80., 99., 118., 179., 198. M = 204 M

21. Rd.: 2 fM in 20., 82., 102., 122., 184., 204. M = 210 M

22. Rd.: 2 fM in 21., 84., 105., 126., 189., 210. M = 216 M

23. Rd.: 2 fM in 22., 86., 108., 130., 194., 216. M = 222 M

24. Rd.: 2 fM in 23., 88., 111., 134., 199., 222. M = 228 M

25. Rd.: 228 fM in Löwenzahn, dabei nur in das hintere Maschenglied einstechen

26.–30. Rd.: je 228 M in Löwenzahn

31. Rd.: 2 fM in Löwenzahn, 2 fM in Weiß im Wechsel

32. Rd.: 2 fM in Löwenzahn, 2 fM in Weiß im Wechsel

33. Rd.: 2 fM in Weiß, 2 fM in Aquamarin im Wechsel

34. Rd.: 2 fM in Weiß, 2 fM in Aquamarin im Wechsel

35. Rd.: 2 fM in Aquamarin, 2 fM in Saphir im Wechsel

36. Rd.: 2 fM in Aquamarin, 2 fM in Saphir im Wechsel

37. + 38. Rd.: je 228 M in Löwenzahn

39. Rd.: 19 fM in Aquamarin, 19 fM in Saphir im Wechsel

40. Rd.: 19 fM in Aquamarin, 19 fM in Saphir im Wechsel

41. + 42. Rd.: je 228 fM in Löwenzahn

43. Rd.: 2 fM in Aquamarin, 2 fM in Saphir im Wechsel

44. Rd.: 2 fM in Aquamarin, 2 fM in Saphir im Wechsel

45. Rd.: 2 fM in Weiß, 2 fM in Aquamarin im Wechsel

46. Rd.: 2 fM in Weiß, 2 fM in Aquamarin im Wechsel

47. Rd.: 2 fM in Löwenzahn, 2 fM in Weiß im Wechsel

48. Rd.: 2 fM in Löwenzahn, 2 fM in Weiß im Wechsel

49. Rd.: 228 fM in Löwenzahn

1 KM in die 1. M der 50. Rd. häkeln. Faden abschneiden und verknoten.

ANLEITUNG / TRAGEGRIFF

in Löwenzahn: Anschlagsm., 90 LM

1. Rd.: 88 fM, 3 fM in die letzte M, 87 fM entlang der Unterseite der LM-Kette, 2 fM in die letzte M = 180 M

1 KM in die 1. M der 2. Rd. häkeln. Faden abschneiden und verknoten.
Den zweiten Tragegriff genauso arbeiten.

FERTIGSTELLUNG

Alle Fäden vernähen. Die Tragegriffe annähen.

Einen stabilen Karton in der Größe des Taschenbodens zuschneiden und einlegen. So erhält die Tasche am Boden mehr Stabilität.

Babymütze (4-5 Monate)

MATERIAL

50 g myboshi 50/50 in Vanille (Türkis)
50 g myboshi 50/50 in Karamell (Petrol)

Die Farben für die Farbkombination Türkis/Petrol stehen in der Anleitung in Klammer.

WERKZEUG

Häkelnadel Nr. 4
Schere
Nadel zum Vernähen

ANLEITUNG

in Vanille (Türkis): Magic Ring mit 6 fM

1. Rd.: 2 fM in jede M = 12 M
2. Rd.: 2 fM in jede 2. M = 18 M
3. Rd.: 2 fM in jede 3. M = 24 M
4. Rd.: 2 fM in jede 4. M = 30 M
5. Rd.: 2 fM in jede 5. M = 36 M
6. Rd.: 2 fM in jede 6. M = 42 M
7. Rd.: 2 fM in jede 7. M = 48 M
8. Rd.: 2 fM in jede 8. M = 54 M
9. Rd.: 2 fM in jede 9. M = 60 M
10. Rd.: 2 fM in jede 10. M = 66 M
11. Rd.: 2 fM in jede 11. M = 72 M
12. Rd.: 2 fM in jede 12. M = 78 M
13.–16. Rd.: je 78 fM
17. Rd.: 2 fM in Vanille, 2 fM in Karamell (2 fM in Türkis, 2 fM in Petrol) im Wechsel

18. Rd.: 2 fM in Karamell, 2 fM in Vanille (2 fM in Petrol, 2 fM in Türkis) im Wechsel
19. Rd.: 2 fM in Vanille, 2 fM in Karamell (2 fM in Türkis, 2 fM in Petrol) im Wechsel
20.–22. Rd.: 78 fM in Vanille (Türkis)
23. Rd.: 2 fM in Vanille, 2 fM in Karamell (2 fM in Türkis, 2 fM in Petrol) im Wechsel
24. Rd.: 2 fM in Karamell, 2 fM in Vanille (2 fM in Petrol, 2 fM in Türkis) im Wechsel
25. Rd.: 2 fM in Vanille, 2 fM in Karamell (2 fM in Türkis, 2 fM in Petrol) im Wechsel
26.–28. Rd.: je 78 fM in Karamell (Petrol)

1 KM in die 1. M der 29. Rd. häkeln. Faden abschneiden und verknoten.

FERTIGSTELLUNG

Alle Fäden vernähen.

Beanie „Herz"

MATERIAL

100 g myboshi 50/50 in Rouge (Farbe Nr. 941)
100 g myboshi 50/50 in Weiß (Farbe Nr. 991)

WERKZEUG

Häkelnadel Nr. 4
Schere
Nadel zum Vernähen

TAPESTRY-MUSTER

ANLEITUNG

in Rouge: Magic Ring mit 6 fM

1. Rd.: 2 fM in jede M = 12 M
2. Rd.: 2 fM in jede 2. M = 18 M

3. Rd.: 2 fM in jede 3. M = 24 M
4. Rd.: 2 fM in jede 4. M = 30 M
5. Rd.: 2 fM in jede 5. M = 36 M
6. Rd.: 2 fM in jede 6. M = 42 M
7. Rd.: 2 fM in jede 7. M = 48 M
8. Rd.: 2 fM in jede 8. M = 54 M
9. Rd.: 2 fM in jede 9. M = 60 M
10. Rd.: 2 fM in jede 10. M = 66 M
11. Rd.: 2 fM in jede 11. M = 72 M
12. Rd.: 2 fM in jede 12. M = 78 M
13. Rd.: 2 fM in jede 13. M = 84 M
14. Rd.: 2 fM in jede 14. M = 90 M
15.–18. Rd.: je 90 fM
19. Rd.: 1 fM in Rouge, 1 fM in Weiß im Wechsel
20. Rd.: 1 fM in Weiß, 1 fM in Rouge im Wechsel
21.–23. Rd.: je 90 fM in Rouge
24.–30. Rd.: 9 fM in Rouge, 9 fM des Musters im Wechsel
31.–33. Rd.: je 90 fM in Rouge
34. Rd.: 1 fM in Weiß, 1 fM in Rouge im Wechsel
35. Rd.: 1 fM in Rouge, 1 fM in Weiß im Wechsel
36.–38. Rd.: je 90 fM in Rouge
39.–45. Rd.: 9 fM Rouge, 9 fM des Musters im Wechsel
46.–48. Rd.: je 90 fM in Rouge
49. Rd.: 1 fM in Weiß, 1 fM in Rouge im Wechsel
50. Rd.: 1 fM in Rouge, 1 fM in Weiß im Wechsel

1 KM in die 1. M der 51. Rd. häkeln. Faden abschneiden und verknoten.

FERTIGSTELLUNG

Alle Fäden vernähen.

Spielzeugbeutel „Auto"

MATERIAL

100 g Gründl Cotton Quick Uni in Kiwi (Farbe Nr. 103)

50 g Gründl Cotton Quick Uni in Maigrün (Farbe Nr. 115)

25 g Gründl Cotton Quick Uni in Silbergrau (Farbe Nr. 70)

25 g Gründl Cotton Quick Uni in Weiß (Farbe Nr. 01)

25 g Gründl Cotton Quick Uni in Kirsche (Farbe Nr. 120)

25 g Gründl Cotton Quick Uni in Royalblau (Farbe Nr. 112)

25 g Gründl Cotton Quick Uni in Azur (Farbe Nr. 104)

25 g Gründl Cotton Quick Uni in Schwarz (Farbe Nr. 11)

WERKZEUG

Häkelnadel Nr. 3

Nadel zum Vernähen

Schere

ANLEITUNG FÜR DEN BEUTEL

in Kiwi: Anschlagsm., 50 LM

1. Rd.: 48 fM, 3 fM in die letzte M, 47 fM entlang der Unterseite der LM-Kette, 2 fM in die letzte M = 100 M

2. Rd.: 2 fM in 1., 49., 50., 51., 99., 100. M = 106 M

3. Rd.: 2 fM in 2., 51., 53., 55., 104., 106. M = 112 M

4.–11. Rd.: je 112 fM in Kiwi. Bei der letzten M den Farbwechsel zu Maigrün vornehmen.

12. Rd.: 112 fM in Maigrün

13. Rd.: 1 fM in Maigrün, 1 fM in Silbergrau im Wechsel

14.–18. Rd.: je 112 fM in Silbergrau

19. Rd.: 8 fM in Weiß, 8 fM in Silbergrau im Wechsel

20.–25. Rd.: je 112 fM in Silbergrau

26. Rd.: 112 fM in Maigrün

TAPESTRY-MUSTER

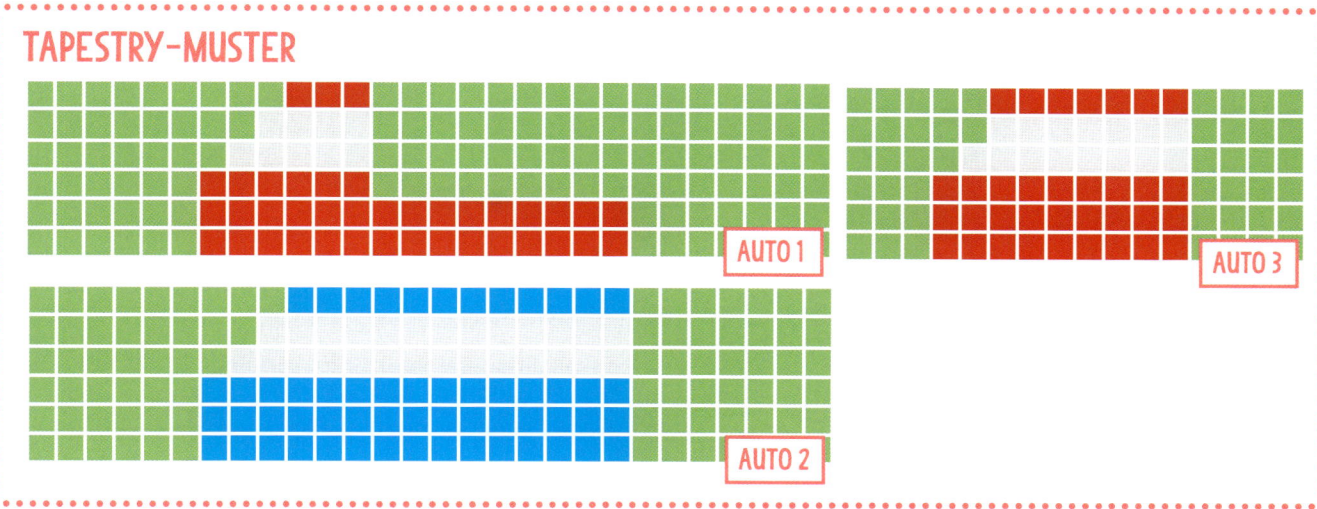

AUTO 1

AUTO 2

AUTO 3

27. Rd.: 1 fM in Kiwi, 1 fM in Maigrün im Wechsel

28.–33. Rd.: je 112 fM in Kiwi

34.–39. Rd.: Muster „Auto 1" 4 x in der Breite, 1 x in der Höhe

40.–45. Rd.: je 112 fM in Kiwi

46.–51. Rd.: Muster „Auto 2" 4 x in der Breite, 1 x in der Höhe

52.–57. Rd.: je 112 fM in Kiwi

58.–63. Rd.: Muster „Auto 3" 9 x in der Breite, 1 x in der Höhe

64.–69. Rd.: je 112 fM in Kiwi

70. Rd.: 112 fM in Maigrün

71. Rd.: 1 fM in Azur, 1 fM in Maigrün im Wechsel

72.–75. Rd.: je 112 fM in Azur

76. Rd.: * 2 LM (2 M der Vorrunde überspringen), 5 fM **, von * bis ** fortlaufend wiederholen.

77.–81. Rd.: je 112 fM in Azur

1 KM in die 1. M der 82. Rd. häkeln. Faden abschneiden und verknoten.

ANLEITUNG FÜR DEN REIFEN

in Schwarz : Magic Ring mit 6 fM

1 KM In die 1. M häkeln. Faden abschneiden und verknoten.

Es werden für alle Autos insgesamt 30 Reifen benötigt. Alternativ können z. B. auch schwarze Knöpfe verwendet werden (Durchmesser: 1,5 cm).

FERTIGSTELLUNG

Alle Fäden vernähen.

An jedes Auto zwei Reifen bzw. zwei Knöpfe annähen.

Aus azurblauem Garn zwei Kordeln à 80 cm Länge drehen. Beide Kordeln entgegengesetzt zueinander in die Reihe mit den Löchern einfädeln und am Ende verknoten. So kann der Beutel zugezogen werden.

Mädchentasche „Duggy"

WEITER AUF DER NÄCHSTEN SEITE

MATERIAL

100 g Gründl Cotton Quick Uni in Azur (Farbe Nr. 104)

50 g Gründl Cotton Quick Uni in Enzian (Farbe Nr. 113)

25 g Gründl Cotton Quick Uni in Zitrone (Farbe Nr. 117)

Rest Gründl Cotton Quick Uni in Orange (Farbe Nr. 119)

Rest Gründl Cotton Quick Uni in Schwarz (Farbe Nr. 11)

WERKZEUG

Häkelnadel Nr. 3

Nadel zum Vernähen

Schere

TAPESTRY-MUSTER

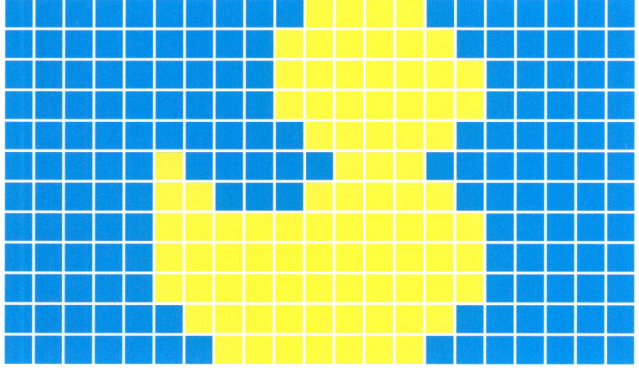

ANLEITUNG FÜR DEN TASCHENKÖRPER

in Enzian: Anschlagsm., 30 LM.

1. Rd.: 28 fM, 3 fM in die letzte M, 27 fM entlang der Unterseite der LM-Kette, 2 fM in die letzte M = 60 M

2. Rd.: 2 fM in 1., 29., 30., 31., 59., 60. M = 66 M

3. Rd.: 2 fM in 2., 31., 33., 35., 64., 66. M = 72 M

4. Rd.: 2 fM in 3., 33., 36., 39., 69., 72. M = 78 M

5. Rd.: 2 fM in 4., 35., 39., 43., 74., 78. M = 84 M

6.–15. Rd.: je 84 fM in Enzian. Bei der letzten M der 15. Rd. den Farbwechsel zu Azurblau vornehmen.

16.–27. Rd.: Muster häkeln, 4 x in der Breite, 1 x in der Höhe

28.–34. Rd.: je 84 fM in Azurblau

35. Rd.: 84 Krebsmaschen in Azurblau häkeln (= feste Maschen von links nach rechts). So entsteht eine schöne Abschlusskante.

Faden abschneiden und verknoten.

ANLEITUNG FÜR DEN ENTENFLÜGEL

in Zitrone: Anschlagsm., 6 LM

1. Rd.: 2 fM, 1 hStb, 1 Stb, 5 Stb in die letzte M, 1 Stb entlang der Unterseite der LM-Kette, 1 hStb entlang der Unterseite der LM-Kette, 2 fM

1 KM in die nächste M häkeln. Faden abschneiden und verknoten.

Es werden insgesamt 4 Entenflügel benötigt.

ANLEITUNG FÜR DEN TASCHENHENKEL

in Azurblau: Anschlagsm., 60 LM

1. Rd.: 58 fM, 3 fM in die letzte M, 57 fM entlang der Unterseite der LM-Kette, 2 fM in die letzte M

1 KM In die 1. M der 2. Rd. häkeln. Faden abschneiden und verknoten.

Den zweiten Taschenhenkel genauso arbeiten.

FERTIGSTELLUNG

Alle Fäden vernähen.

Die Augen und die Schnäbel aufsticken.

Auf jeder Ente einen Flügel festnähen.

Die Henkel am oberen Rand annähen.

Stiftemäppchen
„Segelboot"

MATERIAL

50 g Gründl Cotton Quick uni in Azur (Farbe Nr. 104)

50 g Gründl Cotton Quick uni in Enzian (Farbe Nr. 113)

25 g Gründl Cotton Quick uni in Weiß (Farbe Nr. 01)

25 g Gründl Cotton Quick uni in Hellbraun (Farbe Nr. 139)

Reißverschluss, nicht teilbar, 20 cm Länge in Hellblau

WERKZEUG

Häkelnadel Nr. 3

Nadel zum Vernähen

Schere

TAPESTRY-MUSTER

ANLEITUNG

in Enzian: Anschlagsm., 45 LM

1. Rd.: 43 fM, 3 fM in die letzte M, 42 fM entlang der Unterseite der LM-Kette, 2 fM in die letzte M = 90 M

2. Rd.: 2 fM in 1., 44., 45., 46., 89., 90. M = 96 M

3. Rd.: 2 fM in 2., 46., 48., 50., 94., 96. M = 102 M

4. Rd.: 2 fM in 3., 48., 51., 54., 99., 102. M = 108 M

5. + 6. Rd.: je 108 fM. Bei der letzten M der 6. Rd. den Farbwechsel zu Azur vornehmen.

7.–17. Rd.: Muster, 4 x in der Breite, 1 x in der Höhe

18.–22. Rd. (= 5 Rd.): je 108 fM in Azur

Faden abschneiden und verknoten.

FERTIGSTELLUNG

Alle Fäden vernähen.

Die Öffnung von jeder Seite 1,5 cm zunähen, damit der Reißverschluss in die Öffnung passt.

Den Reißverschluss einnähen.

Stiftedosen

MATERIAL

50 g Gründl Cotton Quick Uni in Sand (Farbe Nr. 102)

25 g Gründl Cotton Quick Uni in Senf (Farbe Nr. 124)

25 g Gründl Cotton Quick Uni in Kiwi (Farbe Nr. 103)

25 g Gründl Cotton Quick Uni in Dunkelrot (Farbe Nr. 147)

25 g Gründl Cotton Quick Uni in Maigrün (Farbe 115)

MDF-Dose, Durchmesser: 8 cm, Höhe: 12 cm

MDF-Dose, Durchmesser: 9 cm, Höhe: 7 cm

WERKZEUG

Häkelnadel Nr. 3

Schere

Nadel zum Vernähen

ANLEITUNG FÜR DIE KLEINE DOSE

in Sand: Magic Ring mit 6 fM

1. Rd.: 2 fM in jede M = 12 M

2. Rd.: 12 fM

3. Rd.: 2 fM in jede M = 24 M

4. Rd.: 24 fM

5. Rd.: 2 fM in jede 2. M = 36 M

6. Rd.: 36 fM

7. Rd.: 2 fM in jede 3. M = 48 M

8. Rd.: 48 fM

9. Rd.: 2 fM in jede 4. M = 60 M

10. Rd.: 60 fM

11. Rd.: 60 fM, dabei nur in das hintere Maschenglied einstechen.

12. + 13. Rd.: je 60 fM

14.–18. Rd.: Muster in Sand/Senf

19.–23. Rd.: Muster in Sand/Dunkelrot

24.–26. Rd.: je 60 fM in Sand

1 KM in die 1. M der 27. Rd. häkeln. Faden abschneiden und vernähen.

TAPESTRY-MUSTER

DOSE GROSS

DOSE KLEIN

ANLEITUNG FÜR DIE GROSSE DOSE

in Kiwi: Magic Ring mit 6 fM

1. Rd.: 2 fM in jede M = 12 M
2. Rd.: 12 fM
3. Rd.: 2 fM in jede M = 24 M
4. Rd.: 24 fM
5. Rd.: 2 fM in jede 2. M = 36 M
6. Rd.: 36 fM
7. Rd.: 2 fM in jede 3. M = 48 M
8. Rd.: 48 fM
9. Rd.: 2 fM in jede 4. M = 60 M
10. Rd.: 60 fM, dabei nur in das hintere Maschenglied einstechen
11.–13. Rd.: je 60 fM
14.–19. Rd.: Muster in Senf und Maigrün: 5 x in der Breite, 1 x in der Höhe
20.–26. Rd.: je 60 fM in Kiwi
27.–32. Rd.: Muster in Senf und Maigrün: 5 x in der Breite, 1 x in der Höhe
33.–40. Rd.: je 60 fM in Kiwi

1 KM in die 1. M der 41. Rd. häkeln. Faden abschneiden und verknoten.

FERTIGSTELLUNG

Alle Fäden vernähen.

Coolpack-Hülle „Giraffe"

WEITER AUF DER NÄCHSTEN SEITE

MATERIAL

75 g Gründl Cotton Quick Uni in Senf (Farbe Nr. 124)
25 g Gründl Cotton Quick Uni in Karamell (Farbe Nr. 123)
25 g Gründl Cotton Quick Uni in Sand (Farbe Nr. 102)

1 Paar Sicherheitsaugen, 9 mm, in Weiß-Schwarz
Füllwatte

WERKZEUG

Häkelnadel Nr. 3
Schere
Nadel zum Vernähen

TAPESTRY-MUSTER

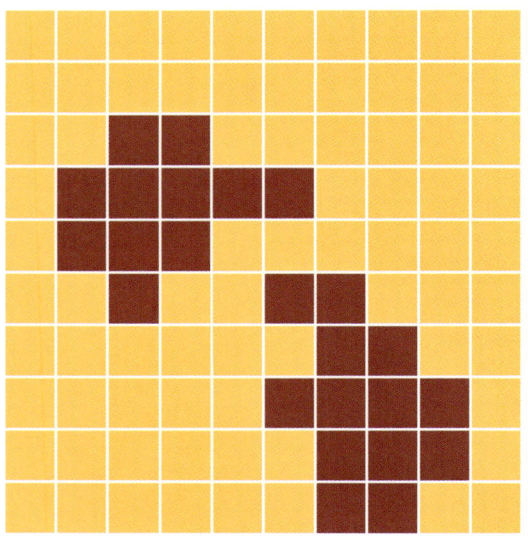

ANLEITUNG FÜR DIE HÜLLE

in Senf: Anschlagsm., 27 LM

1. Rd.: 25 fM, 3 fM in die letzte M, 24 fM entlang der Unterseite der LM-Kette, 2 fM in die letzte M = 54 fM
2. Rd.: 2 fM in 1., 26., 27., 28., 53., 54. M = 60 M
3.–5. Rd.: je 60 fM in Senf
6.–55. Rd.: Muster 5 x in der Höhe häkeln
56.–63. Rd.: je 60 fM in Senf

1 KM in die 1. M der 64. Rd. häkeln. Faden abschneiden und verknoten.

ANLEITUNG FÜR DEN KOPF

in Sand: Anschlagsm., 11 LM.

1. Rd.: 9 fM, 3 fM in die letzte M, 8 fM entlang der Unterseite der LM-Kette, 2 fM in die letzte M = 22 M
2. Rd.: 2 fM in 1., 10., 11., 12., 21., 22. M = 28 M
3.–8. Rd.: je 28 fM. Bei der letzten M den Farbwechsel zu Senf vornehmen.
9. Rd.: 2 fM in 14. + 28. M = 30 M
10. Rd.: 2 fM in jede 5. M = 36 M
11. Rd.: 36 fM
12. Rd.: 2 fM in jede 6. M = 42 M
13. Rd.: 42 fM
14. Rd.: 2 fM in Senf, 2 fM in Karamell, 9 fM in Senf, 5 fM in Karamell, 24 fM in Senf = 42 M
15. Rd.: 3 fM in Senf, 5 fM in Karamell, 6 fM in Senf, 4 fM in Karamell, 24 fM in Senf = 42 M

16. Rd.: 4 fM in Senf, 5 fM in Karamell, 4 fM in Senf, 4 fM in Karamell, 25 fM in Senf = 42 M

17. Rd.: 5 fM in Senf, 3 fM in Karamell, 6 fM in Senf, 3 fM in Karamell, 25 fM in Senf = 42 M

18. Rd.: 6 fM in Senf, 1 fM in Karamell, 8 fM in Senf, 1 fM in Karamell, 26 fM in Senf = 42 M

Die Nasenlöcher aufsticken, die Augen zwischen der 12. und 13. Rd. einstecken und von innen sichern.

19.–22. Rd.: je 42 fM in Senf

23. Rd.: jede 6. + 7. M zusammenhäkeln = 36 M

Den bisher gehäkelten Kopf ausstopfen.

24. Rd.: jede 5. + 6. M zusammenhäkeln = 30 M

25. Rd.: jede 4. + 5. M zusammenhäkeln = 24 M

26. Rd.: jede 3. + 4. M zusammenhäkeln = 18 M

Nachstopfen.

27. Rd.: jede 2. + 3. M zusammenhäkeln = 12 M

28. Rd.: immer 2 M zusammenhäkeln = 6 M

Faden abschneiden, verknoten, die kleine, übriggebliebene Öffnung verschließen und den Faden vernähen.

ANLEITUNG FÜR DAS OHR
in Senf: Magic Ring mit 6 fM

1. Rd.: 2 fM in jede M = 12 M

2. Rd.: 2 fM in jede 2. M = 18 M

3.–8. Rd.: je 18 fM

1 KM in die 1. M der 9. Rd. häkeln. Faden abschneiden und verknoten.

Das zweite Ohr genauso arbeiten.

COOLPACK-HÜLLE „GIRAFFE"

ANLEITUNG FÜR DAS HORN

in Karamell: Magic Ring mit 6 fM

1. Rd.: 2 fM in jede 2. M = 9 M
2. Rd.: 9 fM. Bei der letzten M den Farbwechsel zu Senf vornehmen.
3.–10. Rd.: je 9 fM

1 KM in die 1. M der 12. Rd. häkeln. Faden abschneiden und verknoten.

Das zweite Horn genauso arbeiten.

FERTIGSTELLUNG

Alle Fäden vernähen.

Die Ohren an der geraden Seite mittig falten und links und rechts am Kopf annähen.

Die beiden Hörner zwischen den Ohren festnähen. Den Giraffenkopf an der Hülle annähen.

Einige 9 cm lange, karamellfarbene Garnstücke als Haare zwischen den Hörnern einknüpfen.

Pucksack „Fische"

WEITER AUF DER NÄCHSTEN SEITE

MATERIAL

150 g myboshi Nr. 2 in Aquamarin (Farbe Nr. 2690)
50 g myboshi Nr. 2 in Löwenzahn (Farbe Nr. 2130)
50 g myboshi Nr. 2 in Aprikose (Farbe Nr. 137)
50 g myboshi Nr. 2 in Tomate (Farbe Nr. 2320)

WERKZEUG

Häkelnadel Nr. 3
Nadel zum Vernähen
Schere

TAPESTRY-MUSTER

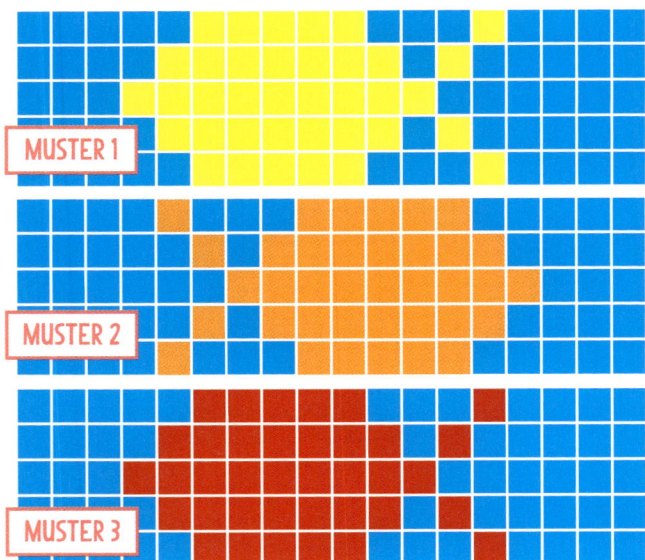

ANLEITUNG FÜR DEN PUCKSACK

in Aquamarin: Anschlagsm., 54 LM

1. Rd.: 52 fM, 3 fM in die letzte M, 51 fM entlang der Unterseite der LM-Kette, 2 fM in die letzte M = 108 M
2. Rd.: 2 fM in 1., 53., 54., 55., 107., 108. M = 114 M
3. Rd.: 2 fM in 2., 55., 57., 59., 112., 114. M = 120 M
4. Rd.: 2 fM in 3., 57., 60., 63., 117., 120. M = 126 M
5.–14. Rd.: je 126 fM
15.–19. Rd.: Muster 1 (Fisch in Löwenzahn): 7 x in der Breite, 1 x in der Höhe
20.–27. Rd.: je 126 fM in Aquamarin
28.–32. Rd.: Muster 2 (Fisch in Aprikose): 7 x in der Breite, 1 x in der Höhe
33.–40. Rd.: je 126 fM in Aquamarin
41.–45. Rd.: Muster 3 (Fisch in Tomate): 7 x in der Breite, 1 x in der Höhe
46. Rd.: 126 fM in Aquamarin
47. Rd.: 41. + 42., 83. + 84., 125. + 126. M zusammenhäkeln = 123 M
48. Rd.: 40. + 41., 81. + 82., 122. + 123. M zusammenhäkeln = 120 M
49. Rd.: 39. + 40., 79. + 80., 119. + 120. M zusammenhäkeln = 117 M
50. Rd.: 38. + 39., 77. + 78., 116. + 117. M zusammenhäkeln = 114 M
51. Rd.: 37. + 38., 75. + 76., 113. + 114. M zusammenhäkeln = 111 M
52. Rd.: 36. + 37., 73. + 74., 110. + 111. M zusammenhäkeln = 108 M

53. Rd.: 35. + 36., 71. + 72., 107. + 108. M zusammenhäkeln = 105 M

54. Rd.: 34. + 35., 69. + 70., 104. + 105. M zusammenhäkeln = 102 M

55. Rd.: 33. + 34., 67. + 68., 101. + 102. M zusammenhäkeln = 99 M

56. Rd.: 32. + 33., 65. + 66., 98. + 99. M zusammenhäkeln = 96 M

57. Rd.: 31. + 32., 63. + 64., 95. + 96. M zusammenhäkeln = 93 M

58. Rd.: 30. + 31., 61. + 62., 92. + 93. M zusammenhäkeln = 90 M

59. Rd.: 29. + 30., 59. + 60., 89. + 90. M zusammenhäkeln = 87 M

60. Rd.: 28. + 29., 57. + 58., 86. + 87. M zusammenhäkeln = 84 M

61.–63. Rd.: 2 fM in Aquamarin, 2 fM in Löwenzahn im Wechsel

64. Rd.: 2 fM in Aquamarin, 2 fM in Aprikose im Wechsel

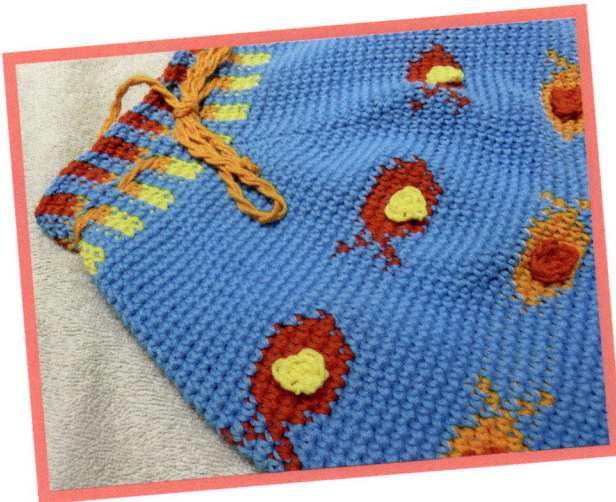

65. Rd.: 2 fM in Aquamarin, 2 LM (2 M der Vorrunde überspringen) im Wechsel

66. Rd.: 2 fM in Aquamarin, 2 fM in Aprikose im Wechsel

67.–69. Rd.: 2 fM in Aquamarin, 2 fM in Tomate im Wechsel

1 KM in die 1. M der 70. Rd. häkeln. Faden abschneiden und verknoten.

ANLEITUNG FÜR DIE FLOSSE
in Löwenzahn: Anschlagsm., 3 LM

1. Rd.: 1 fM, 3 fM in die letzte M, 1 fM entlang der Unterseite der LM-Kette

Faden abschneiden und verknoten.

Es werden 7 Flossen in Löwenzahn, 7 Flossen in Aprikose, 7 Flossen in Tomate benötigt.

FERTIGSTELLUNG
Alle Fäden vernähen.

Je eine tomatenfarbene Flosse auf den aprikosefarbenen Fisch, je eine aprikosefarbene Flosse auf den löwenzahnfarbenen Fisch und je eine löwenzahnfarbene Flosse auf den tomatenfarbenen Fisch nähen.

Aus dem aprikosefarbenen Garn eine Kordel von 85 cm Länge anfertigen und durch die Lochreihe (zum Binden) durchfädeln.

Wärmflaschenbezug „Eisbär"

MATERIAL

100 g myboshi Nr. 2 in Meerblau (Farbe Nr. 2580)
50 g myboshi Nr. 2 in Weiß (Farbe Nr. 2910)
Rest myboshi Nr. 2 in Schwarz (Farbe Nr. 2960)

6 Knöpfe, Durchmesser: 2 cm

WERKZEUG

Häkelnadel Nr. 4
Schere
Nadel zum Vernähen

TAPESTRY-MUSTER

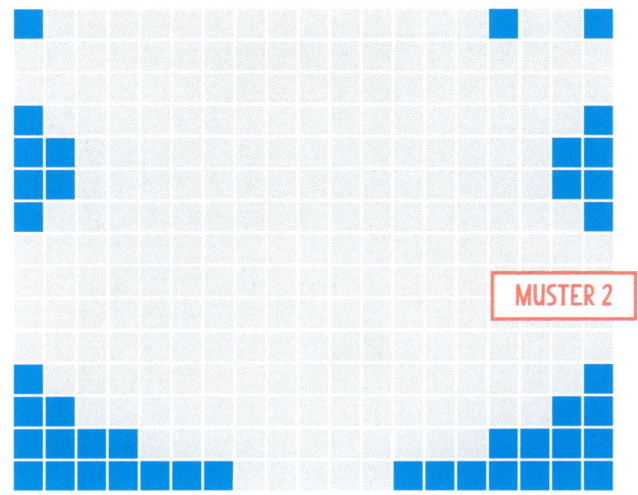

MUSTER 2

ANLEITUNG FÜR DEN ÜBERZUG

in Weiß: Anschlagsm., 24 LM

1. Rd.: 22 fM, 3 fM in die letzte M, 21 fM entlang der Unterseite der LM-Kette, 2 fM in die letzte M = 48 M
2. Rd.: 2 fM in 1., 23., 24., 25., 47., 48. M = 54 M
3. Rd.: 2 fM in 2., 25., 27., 29., 52., 54. M = 60 M
4. Rd.: 2 fM in 3., 27., 30., 33., 57., 60. M = 66 M
5.–8. Rd.: je 66 fM in Weiß
9.–13. Rd.: Muster 1 (Eisberge): 6 x in der Breite, 1 x in der Höhe
14.–18. Rd.: je 66 fM in Meerblau
19.–33. Rd.: 7 fM in Meerblau, 19 M Muster 2 (Eisbär), 14 fM in Meerblau, 19 M Muster 2 (Eisbär), 7 fM in Meerblau
34.–40. Rd.: je 66 fM in Meerblau
41. Rd.: 10 fM, 16 LM (1 M der Vorrunde überspringen), 18 fM, 16 LM (1 M der Vorrunde überspringen), 36 fM

1 KM in die 1. M der 42. Rd. häkeln. Faden abschneiden und verknoten.

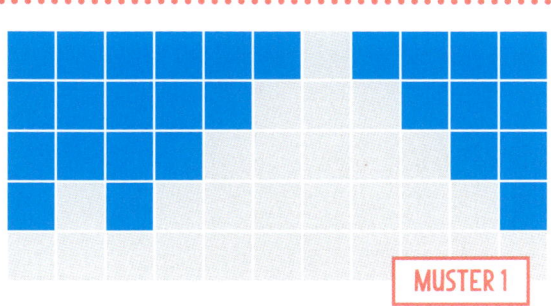

MUSTER 1

WÄRMFLASCHENBEZUG „EISBÄR"

ANLEITUNG FÜR DEN FLASCHENHALS-ÜBERZUG

in Meerblau: Anschlagsm., 40 LM. Zum Ring schließen.

1.–10. Rd.: je 40 fM

11. Rd.: 5 fM, 6 LM (für eine Knopfschlinge), 8 fM, 6 LM (für eine Knopfschlinge), 12 fM, 6 LM (für eine Knopfschlinge), 8 fM, 6 LM (für eine Knopfschlinge), 7 fM

1 KM in die 1. M der 12. Rd. häkeln. Faden abschneiden und verknoten.

ANLEITUNG FÜR DIE NASE

in Schwarz: Anschlagsm., 4 LM

1. Rd.: 2 fM, 3 fM in die letzte M, 1 fM entlang der Unterseite der LM-Kette, 2 fM in die letzte M

1 KM in die 1. M der 2. Rd. häkeln. Faden abschneiden und verknoten.

Es werden zwei Nasen benötigt.

FERTIGSTELLUNG

Alle Fäden vernähen.

Die Knöpfe annähen.

Die Nase annähen und die Augen aufsticken.

Kissenhülle „Katze"

WEITER AUF DER NÄCHSTEN SEITE

KISSENHÜLLE „KATZE"

MATERIAL

150 g Gründl Cotton Quick Uni in Himbeere (Farbe Nr. 107)
50 g Gründl Cotton Quick Uni in Weiß (Farbe Nr. 001)
50 g Gründl Cotton Quick Uni in Mausgrau (Farbe Nr. 110)
75 g Gründl Cotton Quick Uni in Sand (Farbe Nr. 102)

Reißverschluss, nicht teilbar, 20 cm lang in Pink

WERKZEUG

Häkelnadel Nr. 3
Schere
Nadel zum Vernähen

TAPESTRY-MUSTER

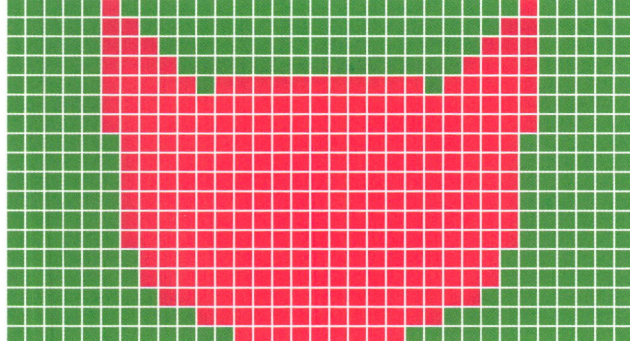

ANLEITUNG

in Himbeere: Anschlagsm., 165 LM. Zum Ring schließen.

1.–17. Rd.: je 165 fM in Himbeere
18. + 19. Rd.: 7 fM in Mausgrau, 8 fM in Weiß im Wechsel

20.–23. Rd.: je 165 fM in Sand
24.–41. Rd.: Muster: 5 x in der Breite, 1 x in der Höhe
42.–45. Rd.: je 165 fM in Sand
46. + 47. Rd.: 7 fM in Mausgrau, 8 fM in Weiß im Wechsel
48.–52. Rd.: je 165 M in Himbeere
53.–54. Rd.: 7 fM in Mausgrau, 8 fM in Weiß im Wechsel
55.–58. Rd.: je 165 fM in Sand
59.–76. Rd.: Muster: 5 x in der Breite, 1 x in der Höhe
77.–80. Rd.: je 165 fM in Sand
81. + 82. Rd.: 7 fM in Mausgrau, 8 fM in Weiß im Wechsel
88.–92. Rd.: je 165 fM in Himbeere

Faden abschneiden und verknoten.

FERTIGSTELLUNG

Alle Fäden vernähen.

Die obere Kante zunähen.

Die untere Kante so weit zunähen, dass der Reißverschluss in die Öffnung passt.

Den Reißverschluss einnähen.

Utensilo „Tiger"

WEITER AUF DER NÄCHSTEN SEITE

ANLEITUNG

in Aprikose: Magic Ring mit 6 fM

1. Rd.: 2 fM in jede M = 12 M
2. Rd.: 12 fM
3. Rd.: 2 fM in jede M = 24 M
4. Rd.: 24 fM
5. Rd.: 2 fM in jede 2. M = 36 M
6. Rd.: 36 fM
7. Rd.: 2 fM in jede 3. M = 48 M
8. Rd.: 48 fM
9. Rd.: 2 fM in jede 4. M = 60 M
10. Rd.: 60 fM
11. Rd.: 2 fM in jede 5. M = 72 M
12. Rd.: 72 fM
13. Rd.: 2 fM in jede 6. M = 84 M
14. Rd.: 84 fM
15. Rd.: 2 fM in jede 7. M = 96 M
16. Rd.: 96 fM

17. Rd.: 2 fM in jede 8. M = 108 M
18. Rd.: 108 fM, dabei nur in das hintere Maschenglied einstechen.
19. Rd.: 14 fM Aprikose, 26 fM Schwarz, 28 fM Aprikose, 26 fM Schwarz, 14 fM Aprikose
20. Rd.: 12 fM Aprikose, 32 fM Schwarz, 20 fM Aprikose, 32 fM Schwarz, 12 fM Aprikose
21. Rd.: 108 fM in Aprikose
22. Rd.: 8 fM in Aprikose, 42 fM in Schwarz, 8 fM in Aprikose, 42 fM in Schwarz, 8 fM in Aprikose

23. Rd.: 10 fM in Aprikose, 38 fM in Schwarz, 12 fM in Aprikose, 38 fM in Schwarz, 10 fM in Aprikose
24. Rd.: 108 fM in Aprikose
25. Rd.: 11 fM in Aprikose, 36 fM in Schwarz, 14 fM in Aprikose, 36 fM in Schwarz, 11 fM in Aprikose
26. Rd.: 9 fM in Aprikose, 40 fM in Schwarz, 10 fM in Aprikose, 40 fM in Schwarz, 9 fM in Aprikose
27. Rd.: 108 fM in Aprikose

28. Rd.: 9 fM in Aprikose, 39 fM in Schwarz, 12 fM in Aprikose, 39 fM in Schwarz, 9 fM in Aprikose

29. Rd.: 11 fM in Aprikose, 35 fM in Schwarz, 16 fM in Aprikose, 35 fM in Schwarz, 11 fM in Aprikose

30. Rd.: 108 fM in Aprikose

1 KM in die 1. M der 31. Rd. häkeln. Faden abschneiden und verknoten.

ANLEITUNG FÜR DIE PFOTE

in Weiß: Anschlagsm., 10 LM

1. Rd.: 8 fM, 3 fM in die letzte M, 7 fM entlang der Unterseite der LM-Kette, 2 fM in die letzte M = 20 M

2. Rd.: 2 fM in 1., 9., 10., 11., 19., 20. M = 26 M

3.–5. Rd.: je 26 fM in Weiß. In der letzten M den Farbwechsel zu Aprikose vornehmen.

6. + 7. Rd.: je 26 fM

8. Rd.: 12. + 13., 25. + 26. M zusammenhäkeln = 24 M. Farbwechsel zu Schwarz

9. Rd.: 11. + 12., 23. + 24. M zusammenhäkeln = 22 M. Farbwechsel zu Aprikose

10. Rd.: 10. + 11., 21. + 22. M zusammenhäkeln = 20 M

11. Rd.: 9. + 10., 19. + 20. M zusammenhäkeln = 18 M. Farbwechsel zu Schwarz

12. Rd.: 18 fM

13.–16. Rd.: je 18 fM in Aprikose

1 KM in die 1. M der 17. Rd. häkeln. Faden abschneiden und verknoten.

Es werden vier Pfoten benötigt.

FERTIGSTELLUNG

Alle Fäden vernähen.

Die Konturen auf die Pfoten sticken.
Die Pfoten mit etwas Füllwatte ausstopfen und am Boden des Utensilo festnähen.

Kuscheltier „Fisch"

MATERIAL

100 g myboshi 50/50 in Meerblau (Farbe Nr. 958)

150 g myboshi 50/50 in Türkis (Farbe Nr. 952)

150 g myboshi 50/50 in Petrol (Farbe Nr. 954)

25 g myboshi 50/50 in Weiß (Farbe Nr. 991)

1 Paar Sicherheitsaugen, Durchmesser: 15 mm, in Braun-Schwarz

Füllwatte

WERKZEUG

Häkelnadel Nr. 4

Schere

Nadel zum Vernähen

TAPESTRY-MUSTER

ANLEITUNG FÜR DEN FISCH

in Meerblau: Magic Ring mit 6 fM

1. Rd.: 2 fM in jede M = 12 M

2. Rd.: 2 fM in jede 3. M = 16 M

3. Rd.: 2 fM in jede 4. M = 20 M

4. Rd.: 2 fM in jede 5. M = 24 M

5. Rd.: 2 fM in jede 6. M = 28 M

6. Rd.: 2 fM in jede 7. M = 32 M

7. Rd.: 2 fM in jede 8. M = 36 M

8. Rd.: 2 fM in jede 9. M = 40 M

9. Rd.: 2 fM in jede 10. M = 44 M

10. Rd.: 2 fM in jede 11. M = 48 M

11. Rd.: 2 fM in jede 12. M = 52 M

12. Rd.: 2 fM in jede 13. M = 56 M

13. Rd.: 2 fM in jede 14. M = 60 M

14. Rd.: 2 fM in jede 15. M = 64 M

15. Rd.: 2 fM in jede 16. M = 68 M

16. Rd.: 2 fM in jede 17. M = 72 M

17. Rd.: 2 fM in jede 18. M = 76 M

18. Rd.: 2 fM in jede 19. M = 80 M

19. Rd.: 2 fM in jede 20. M = 84 M

20. Rd.: 2 fM in jede 21. M = 88 M

21. Rd.: 2 fM in jede 22. M = 92 M

22. Rd.: 2 fM in jede 23. M = 96 M

23. Rd.: 2 fM in jede 24. M = 100 M

24. Rd.: 2 fM in jede 25. M = 104 M

25. Rd.: 2 fM in jede 26. M = 108 M

26.–28. Rd.: je 108 fM in Meerblau

29. + 30. Rd.: je 108 fM in Türkis

31.–70. Rd.: Die beiden Mustersätze in der Höhe 5 x arbeiten. Dabei die beiden Farbkombinationen abwechseln. Begonnen wird mit dem linken Mustersatz.

Jedes Sicherheitsauge zuerst durch das gehäkelte Auge, dann durch den Fisch stecken und von innen sichern. Den Mund aufsticken.

Es wird in Petrol weitergehäkelt.

71. Rd.: jede 17. + 18. M zusammenhäkeln = 102 M
72. Rd.: jede 16. + 17. M zusammenhäkeln = 96 M
73. Rd.: jede 15. + 16. M zusammenhäkeln = 90 M
74. Rd.: jede 14. + 15. M zusammenhäkeln = 84 M
75. Rd.: jede 13. + 14. M zusammenhäkeln = 78 M
76. Rd.: jede 12. + 13. M zusammenhäkeln = 72 M
77. Rd.: jede 11. + 12. M zusammenhäkeln = 66 M
78. Rd.: jede 10. + 11. M zusammenhäkeln = 60 M
79. Rd.: jede 9. + 10. M zusammenhäkeln = 54 M
80. Rd.: jede 8. + 9. M zusammenhäkeln = 48 M

Den bisher gehäkelten Fisch ausstopfen.

81. Rd.: jede 7. + 8. M zusammenhäkeln = 42 M
82. Rd.: jede 6. + 7. M zusammenhäkeln = 36 M
83. Rd.: jede 5. + 6. M zusammenhäkeln = 30 M
84. Rd.: jede 4. + 5. M zusammenhäkeln = 24 M
85. Rd.: jede 3. + 4. M zusammenhäkeln = 18 M
86. Rd.: jede 2. + 3. M zusammenhäkeln = 12 M
87. Rd.: 2 fM in jede 4. M = 15 M
88. Rd.: 2 fM in jede 5. M = 18 M
89. Rd.: 2 fM in jede 6. M = 21 M
90. Rd.: 2 fM in jede 7. M = 24 M. Bei der letzten Masche den Farbwechsel zu Türkis vornehmen.
91. Rd.: 2 fM in jede 8. M = 27 M
92. Rd.: 2 fM in jede 9. M = 30 M
93. Rd.: 2 fM in jede 10. M = 33 M
94. Rd.: 2 fM in jede 11. M = 36 M
95. Rd.: 2 fM in jede 12. M = 39 M
96. Rd.: 2 fM in jede 13. M = 42 M
97. Rd.: 2 fM in jede 14. M = 45 M
98. Rd.: 2 fM in jede 15. M = 48 M
99. Rd.: 2 fM in jede 16. M = 51 M
100. Rd.: 2 fM in jede 17. M = 54 M

1 KM in die 1. Masche der 101. Rd. häkeln. Faden abschneiden und verknoten.

ANLEITUNG FÜR DAS AUGE
in Weiß: Magic Ring mit 6 fM

1. Rd.: 2 fM in jede M = 12 M

2. Rd.: 12 fM
3. Rd.: 2 fM in jede M = 24 M

1 KM in die 1. M der 4. Rd. häkeln. Faden abschneiden und verknoten.

Das zweite Auge genauso anfertigen.

ANLEITUNG FÜR DIE FLOSSE
in Meerblau: Anschlagsm., 9 fM

1. Rd.: 7 fM, 3 fM in die letzte M, 6 fM entlang der Unterseite der LM-Kette, 2 fM in die letzte M = 18 M
2. Rd.: 2 fM in 1., 8., 9., 10., 17., 18. M = 24 M
3. Rd.: 2 fM in 2., 10., 12., 14., 22., 24. M = 30 M
4. Rd.: 2 fM in 14 + 29. M = 32 M
5. Rd.: 2 fM in 15. + 31. M = 34 M
6.–9. Rd.: je 34 fM in Meerblau
10.–12. Rd.: 1 fM in Meerblau, 1 fM in Türkis im Wechsel
13.–17. Rd.: je 34 fM in Türkis

1 KM in die 1. M der 18. Rd. häkeln. Faden abschneiden und verknoten.

Die zweite Flosse genauso arbeiten.

FERTIGSTELLUNG
Alle Fäden vernähen.

Den Fisch bis zum Beginn der Schwanzflosse fertig ausstopfen.

Den Übergang vom Fisch zur Schwanzflosse zunähen, dann das Schwanzende zunähen.

Die Flossen am Fischkörper annähen.

Utensilo „Zebra"

MATERIAL

100 g myboshi Nr. 2 in Schwarz (Farbe Nr. 2960)
100 g myboshi Nr. 2 in Weiß (Farbe Nr. 2910)
50 g myboshi Nr. 2 in Silber (Farbe Nr. 2930)

1 Paar Sicherheitsaugen, Durchmesser: 15 mm, in Braun-Schwarz
Füllwatte
Rundholz
Satinkordel, Durchmesser: 4 mm, in Weiß

WERKZEUG

Häkelnadel Nr. 4
Schere
Nadel zum Vernähen

ANLEITUNG FÜR DIE TASCHE

in Weiß: Anschlagsm., 40 LM

1. Rd.: 38 fM, 3 fM in die letzte M, 37 fM entlang der Unterseite der LM-Kette, 2 fM in die letzte M = 80 M
2. Rd.: 2 fM in 1., 39., 40., 41., 79., 80. M = 86 M
3. Rd.: 2 fM in 2., 41., 43., 45., 84., 86. M = 92 M
4. + 5. Rd.: je 92 fM in Weiß
6. Rd.: 14 fM in Schwarz, 16 fM in Weiß, 30 fM in Schwarz, 16 fM in Weiß, 16 fM in Schwarz
7. Rd.: 12 fM in Schwarz, 20 fM in Weiß, 26 fM in Schwarz, 20 fM in Weiß, 14 fM in Schwarz
8. + 9. Rd.: je 92 fM in Weiß

10. Rd.: 15 fM in Schwarz, 16 fM in Weiß, 28 fM in Schwarz, 19 fM in Weiß, 14 fM in Schwarz
11. Rd.: 14 fM in Schwarz, 18 fM in Weiß, 26 fM in Schwarz, 22 fM in Weiß, 12 fM in Schwarz
12. + 13. Rd.: je 92 fM in Weiß
14. Rd.: 19 fM in Schwarz, 10 fM in Weiß, 35 fM in Schwarz, 13 fM in Weiß, 15 fM in Schwarz
15. Rd.: 17 fM in Schwarz, 14 fM in Weiß, 30 fM in Schwarz, 19 fM in Weiß, 12 fM in Schwarz
16. + 17. Rd.: je 92 fM in Weiß
18. Rd.: 16 fM in Schwarz, 18 fM in Weiß, 24 fM in Schwarz, 21 fM in Weiß, 13 fM in Schwarz
19. Rd.: 20 fM in Schwarz, 12 fM in Weiß, 30 fM in Schwarz, 13 fM in Weiß, 17 fM in Schwarz
20. + 21. Rd.: je 92 fM in Weiß
22. Rd.: 19 fM in Schwarz, 12 fM in Weiß, 33 fM in Schwarz, 13 fM in Weiß, 15 fM in Schwarz
23. Rd.: 18 fM in Schwarz, 12 fM in Weiß, 33 fM in Schwarz, 16 fM in Weiß, 13 fM in Schwarz
24. + 25. Rd.: je 92 fM in Weiß
26. Rd.: 21 fM in Schwarz, 10 fM in Weiß, 36 fM in Schwarz, 11 fM in Weiß, 14 fM in Schwarz
27. Rd.: 19 fM in Schwarz, 11 fM in Weiß, 35 fM in Schwarz, 15 fM in Weiß, 12 fM in Schwarz
28. + 29. Rd.: je 92 fM in Weiß
30. Rd.: 19 fM in Schwarz, 13 fM in Weiß, 33 fM in Schwarz, 16 fM in Weiß, 11 fM in Schwarz
31. Rd.: 18 fM in Schwarz, 16 fM in Weiß, 30 fM in Schwarz, 15 fM in Weiß, 13 fM in Schwarz
32. + 33. Rd.: je 92 fM in Weiß

11 fM in Weiß, 13 fM in Schwarz
40. + 41. Rd.: je 92 fM in Weiß
42. Rd.: 20 fM in Schwarz, 20 fM in Weiß, 29 fM in Schwarz, 12 fM in Weiß, 11 fM in Schwarz
43. Rd.: 20 fM in Schwarz, 19 fM in Weiß, 31 fM in Schwarz, 10 fM in Weiß, 12 fM in Schwarz
44. + 45. Rd.: je 92 fM in Weiß

1 KM in die 1. M der 46. Rd. häkeln. Faden abschneiden und verknoten.

ANLEITUNG FÜR DIE SCHLAUFE
in Weiß: Anschlagsm., 35 LM

1. Rd.: 33 fM, 3 fM in die letzte M, 32 fM entlang der Unterseite der LM-Kette, 2 fM in die letzte M = 70 M
2. Rd.: 2 fM in 1., 34., 35., 36., 69., 70. M = 76 M
3. Rd.: 2 fM in 2., 36., 38., 40., 74., 76. M = 82 M

1 KM in die 1. Masche der 4. Rd. häkeln. Faden abschneiden und verknoten.

Die zweite Schlaufe genauso arbeiten.

ANLEITUNG FÜR DEN KOPF
in Silber: Anschlagsm., 15 LM

1. Rd.: 13 fM, 3 fM in die letzte M, 12 fM entlang der Unterseite der LM-Kette, 2 fM in die letzte M = 30 M

34. Rd.: 17 fM in Schwarz, 20 fM in Weiß, 26 fM in Schwarz, 19 fM in Weiß, 10 fM in Schwarz
35. Rd.: 19 fM in Schwarz, 16 fM in Weiß, 30 fM in Schwarz, 15 fM in Weiß, 12 fM in Schwarz
36. + 37. Rd.: je 92 fM in Weiß
38. Rd.: 21 fM in Schwarz, 15 fM in Weiß, 30 fM in Schwarz, 14 fM in Weiß, 12 fM in Schwarz
39. Rd.: 19 fM in Schwarz, 19 fM in Weiß, 30 fM in Schwarz,

2. Rd.: 2 fM in 1., 14., 15., 16., 29., 30. M = 36 M

3. Rd.: 2 fM in 2., 16., 18., 20., 34., 36. M = 42 M

4. Rd.: 2 fM in 3., 18., 21., 24., 39., 42. M = 48 M

5.–8. Rd.: je 48 fM in Silbergrau. Farbwechsel zu Weiß

9. + 10. Rd.: je 48 fM in Weiß. Farbwechsel zu Schwarz

11. Rd.: 6 fM in Schwarz, 8 fM in Weiß, 16 fM in Schwarz, 8 fM in Weiß, 10 fM in Schwarz

12. Rd.: 5 fM in Schwarz, 9 fM in Weiß, 2 fM in Schwarz zusammenhäkeln, 14 fM in Schwarz, 2 fM in Weiß zusammenhäkeln, 5 fM in Weiß, 9 fM in Schwarz, 2 fM in Schwarz zusammenhäkeln = 45 M

13. Rd.: 45 fM in Weiß

14. Rd.: 5 fM in Schwarz, 8 fM in Weiß, 2 fM in Weiß zusammenhäkeln, 13 fM in Schwarz, 2 fM in Weiß zusammenhäkeln, 6 fM in Weiß, 7 fM in Schwarz, 2 fM in Schwarz zusammenhäkeln = 42 M

15. Rd.: 4 fM in Schwarz, 11 fM in Weiß, 11 fM in Schwarz, 9 fM in Weiß, 7 fM in Schwarz = 42 M

16. Rd.: in Weiß: jede 13. + 14. M zusammenhäkeln = 39 M

17. Rd.: 6 fM in Schwarz, 7 fM in Weiß, 13 fM in Schwarz, 8 fM in Weiß, 5 fM in Schwarz = 39 M

18. Rd.: 7 fM in Schwarz, 4 fM in Weiß, 2 fM in Weiß zusammenhäkeln, 1 fM in Weiß, 10 fM in Schwarz, 2 fM in Schwarz zusammenhäkeln, 8 fM in Weiß, 3 fM in Schwarz, 2 fM in Schwarz zusammenhäkeln = 36 M

19. Rd.: 36 fM in Weiß

20. Rd.: 6 fM in Schwarz, 4 fM in Weiß, 2 fM in Weiß zusammenhäkeln, 2 fM in Weiß, 8 fM in Schwarz, 2 fM in Schwarz zusammenhäkeln, 8 fM in Weiß, 2 fM in Schwarz, 2 fM in Schwarz zusammenhäkeln = 33 M

21. Rd.: 6 fM in Schwarz, 8 fM in Weiß, 9 fM in Schwarz, 7 fM in Weiß, 3 fM in Schwarz = 33 M

22. Rd.: in Weiß: jede 10. + 11. M zusammenhäkeln = 30 M

23.–25. Rd.: je 30 fM in Weiß

Die Nasenlöcher aufsticken. Je ein Auge zuerst durch das Augenlid und dann in den Kopf stecken und von innen sichern.

26. Rd.: jede 4. + 5. M zusammenhäkeln = 24 M

Den bisher gehäkelten Kopf ausstopfen.

27. Rd.: Jede 3. + 4. M zusammenhäkeln = 18 M

28. Rd.: jede 2. + 3 M zusammenhäkeln = 12 M

Nachstopfen.

29. Rd.: Immer 2 M zusammenhäkeln = 6 M

Den Faden abschneiden, verknoten, die kleine, übriggebliebene Öffnung schließen und den Faden vernähen.

ANLEITUNG FÜR DAS AUGENLID
in Weiß: Anschlagsm., 2 LM

1. Rd.: 3 fM in 1. LM

2. Rd.: 1 fM, 3 fM in 1 M, 1 fM

Faden abschneiden und verknoten.

Das zweite Augenlid genauso arbeiten.

UTENSILO „ZEBRA"

ANLEITUNG FÜR DAS OHR

in Weiß: Anschlagsm., 12 LM. Zum Ring schließen.

1.–7. Rd.: je 12 fM
8. Rd.: 5. + 6., 11. + 12. M zusammenhäkeln = 10 M
9. Rd.: 4. + 5., 9. + 10. M zusammenhäkeln = 8 M
10. Rd.: 3. + 4., 7. + 8. M zusammenhäkeln = 6 M
11. Rd.: 2. + 3., 5. + 6. M zusammenhäkeln = 4 M
12. Rd.: immer 2 M zusammenhäkeln = 2 M

Faden abschneiden und verknoten.

Das zweite Ohr genauso arbeiten.

FERTIGSTELLUNG

Alle Fäden vernähen.

Die Schlaufen 4 cm vom Rand entfernt annähen.

Jedes Ohr mittig an der geraden Seite falten, zusammennähen und dann am Kopf annähen.

Einige 13 cm lange, schwarze Garnstücke als Haare einknüpfen.

Puppenkleidung „Rosalie"

WEITER AUF DER NÄCHSTEN SEITE

ANLEITUNG FÜR DEN HUT

in Kirsche: Magic Ring mit 6 fM

1. Rd.: 2 fM in jede M = 12 M
2. Rd.: 2 fM in jede 2. M = 18 M
3. Rd.: 2 fM in jede 3. M = 24 M
4. Rd.: 2 fM in jede 4. M = 30 M
5. Rd.: 2 fM in jede 5. M = 36 M
6. Rd.: 2 fM in jede 6. M = 42 M
7. Rd.: 2 fM in jede 7. M = 48 M
8. Rd.: 2 fM in jede 8. M = 54 M
9. Rd.: 2 fM in jede 9. M = 60 M
10. Rd.: 2 fM in jede 10. M = 66 M
11.–13. Rd.: je 66 fM
14. Rd.: 66 fM in Weiß
15.–18. Rd.: Den Mustersatz in der Breite 11 x wiederholen, in der Höhe 1 x arbeiten.
19. Rd.: 66 fM in Kirsche. In der letzten Masche den Farbwechsel zu Weiß vornehmen.
20. Rd.: 2 fM in jede 11. M = 72 M
21. Rd.: 2 fM in jede 12. M = 78 M
22. Rd.: 2 fM in jede 13. M = 84 M
23. Rd.: 2 fM in jede 14. M = 90 M
24. Rd.: 2 fM in jede 15. M = 96 M
25. Rd.: 2 fM in jede 16. M = 102 M

1 KM in die 1. Masche der 26. Rd. häkeln. Faden abschneiden und verknoten.

ANLEITUNG FÜR DAS KLEID

in Kirsche: Anschlagsmasche, 60 LM
Aufgrund der Öffnung auf der Rückseite wird der obere Teil des Kleides in Reihen, das Rockteil aber in Runden gehäkelt.

1.–16. R.: je 60 fM in Kirsche (= Oberteil)

Ab jetzt wird in Runden weitergehäkelt.

1. Rd.: Hierzu nach 60 M die Arbeit nicht wenden, sondern, um die Runde zu schließen, in die 1. M einstechen (= Anfang und Ende verbinden).
2. Rd.: 2 fM in jede 10. M = 66 M
3. Rd.: 2 fM in jede 11. M = 72 M
4. Rd.: 2 fM in jede 12. M = 78 M
5. Rd.: 2 fM in jede 13. M = 84 M
6. Rd.: 2 fM in jede 14. M = 90 M
7. Rd.: 2 fM in jede 15. M = 96 M
8.–10. Rd.: je 96 fM in Kirsche
11. Rd.: 96 fM in Weiß
12. Rd.: 96 fM in Kirsche
13.–16. Rd.: Den Mustersatz in der Breite 16 x wiederholen, in der Höhe 1 x arbeiten.
17. + 18. Rd.: Den Mustersatz in der Breite 16 x wiederholen, in der Höhe nur die Reihen 1 + 2 arbeiten.
19. + 20. Rd.: je 96 fM in Kirsche
21.–23. Rd.: je 96 fM in Weiß

1 KM in die 1. M der 24. Runde häkeln. Faden abschneiden und verknoten.

ANLEITUNG FÜR DIE TRÄGER DES KLEIDES

in Kirsche: Anschlagsmasche, 80 LM

1. R.: 80 fM

Faden abschneiden und verknoten.

ANLEITUNG FÜR DIE SCHLEIFE AUF DEM KLEID

in Weiß: Anschlagsmasche, 30 LM

Faden abschneiden und verknoten.

FERTIGSTELLUNG

Alle Fäden vernähen.

Den Druckknopf zum Verschließen auf der Rückseite oben an der Öffnung annähen.

Die weiße Luftmaschenkette als Schleife legen und vorne am Kleid festnähen.

Den Träger mittig legen und am Vorderteil annähen. Die beiden Enden werden im Nacken gebunden.

Minibuch-Hülle „Glückskäfer"

MATERIAL

50 g Gründl Cotton Quick uni in Azur (Farbe 104)

Rest Gründl Cotton Quick uni in Kirsche (Farbe 120)

Rest Gründl Cotton Quick uni in Schwarz (Farbe 011)

WERKZEUG

Häkelnadel Nr. 3

Schere

Nadel zum Vernähen

ANLEITUNG FÜR DIE HÜLLENRÜCKSEITE

in Azur: Anschlagsmasche, 25 LM. Es wird ober- und unterhalb der LM-Kette gehäkelt.

1. Rd.: 23 fM, 3 fM in die letzte M, 22 fM entlang der Unterseite der LM-Kette, 2 fM in die letzte M = 50 M

2. Rd.: 2 fM in 1., 24., 25., 26., 49., 50. M = 56 M

3.–25. Rd.: je 56 fM

1 KM in die 1. M der 26. Runde häkeln. Faden abschneiden und verknoten.

ANLEITUNG FÜR DIE HÜLLENVORDERSEITE (MIT MUSTER)

in Azur: Anschlagsmasche, 25 LM. Es wird ober- und unterhalb der LM-Kette gehäkelt.

1. Rd.: 23 fM, 3 fM in die letzte M, 22 fM entlang der Unterseite der LM-Kette, 2 fM in die letzte M = 50 M

2. Rd.: 2 fM in 1., 24., 25., 26., 49., 50. M = 56 M

3.–10. Rd.: je 56 fM in Azur

11.–19. Rd.: die Runden wie folgt einteilen: 5 fM in Azur, 6 fM Mustersatz, 6 fM in Azur, 6 fM Mustersatz, 33 fM in Azur. Den Mustersatz 1 x in der Höhe arbeiten.

20.–27. Rd.: je 56 fM in Azur

1 KM in die 1. Masche der 28. Rd. häkeln.

Faden abschneiden und verknoten.

MINIBUCH-HÜLLE „GLÜCKSKÄFER"

VERBINDUNGSSTREIFEN

in Azur: Anschlagsmasche, 24 LM

1.–20. R: je 24 fM

Faden abschneiden und verknoten.

FERTIGSTELLUNG

Die Konturen und Punkte mit schwarzem Garn aufsticken.

Den Verbindungsstreifen an Vorder- und Rückseite annähen. Dies ist am einfachsten, wenn die Vorder- und Rückseite mit je 4 Büchlein gefüllt wird, dann den Streifen umlegen und feststecken.

Die Büchlein entfernen und den Verbindungsstreifen annähen.

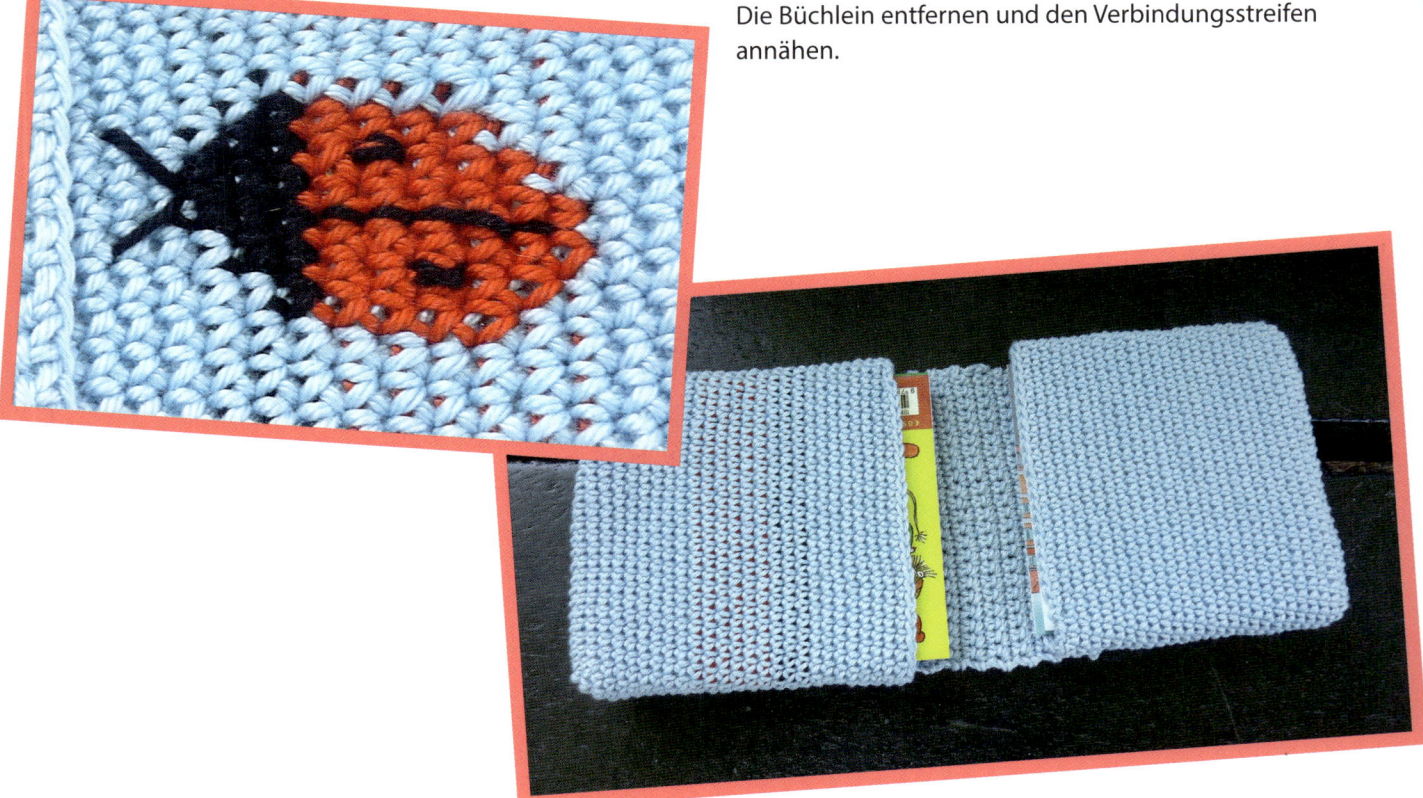